DES
RENSEIGNEMENTS

« C'est ici ma défense auprès de ceux qui m'interrogent. »

(I, Cor., IX, 3.)

F. P.

SE TROUVE
CHEZ L'AUTEUR
A VIALAS (Lozère)
—
1891

DES RENSEIGNEMENTS

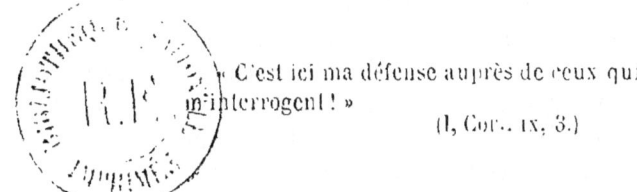

« C'est ici ma défense auprès de ceux qui m'interrogent ! »

(I, Cor., ix, 3.)

Lettre de M. J. G. à F. Ponge, Vialas (Lozère).

« Paris, 25 septembre 1891.

» MON BIEN CHER FRÈRE,

» J'entends dire tant de choses contradictoires, au sujet de
» votre attitude en présence des nouvelles doctrines émises
» par M. Raven, que je ne puis m'empêcher de vous écrire
» directement pour me renseigner auprès de vous-même.
» Mon affection est de vieille date et bien sincère, vous le
» savez. Vous excuserez donc cette démarche et vous voudrez
» bien, n'est-ce pas? me donner votre pensée à ce sujet.
» En attendant, je vous assure de toute mon affection dans
» le Seigneur. » J. G. »

Réponse.

Bordeaux, 24 octobre 1891.

MON TRÈS CHER FRÈRE,

Vous aurez reçu, je l'espère, les lignes que je vous adressai, le 28 septembre, de Saint-Affrique (Aveyron), comme accusé de réception de votre bonne lettre, dont je vous remercie encore de tout cœur, ainsi que pour le bon esprit dans lequel elle est écrite et l'affection que vous me témoignez. Je n'ai pas eu à excuser votre démarche que je trouve si sage et si fraternelle, et qui a été bien accueillie.

Je vous disais dans mes lignes, que les mêmes choses dont parle votre lettre s'étant répandues partout contre moi, je m'étais vu dans l'obligation d'écrire quelques pages que je devais livrer à l'impression aussitôt que mes mouvements dans l'œuvre me permettraient d'être à proximité d'un imprimeur, et qu'alors, de même qu'à d'autres frères, je vous les enverrais comme réponse à vos lettres, et c'est ce que je vais faire au plus vite. Ces derniers jours encore, un autre cher frère m'a écrit pour me « demander un renseignement ».

Mais, mon cher frère, avant de vous parler de mon « attitude », je tiens à vous donner connaissance, à vous et à tous, de celle qu'on a déjà commencé à prendre envers moi. Je l'accompagne de réflexions.

Je sais, cher ami, que, dans le temps, vous avez visité Vialas, mon lieu natal. Le Pont-de-Montvert, dans les montagnes de la Lozère, s'en trouve éloigné de 20 kilomètres. Voici ce qui s'y passa le mois dernier : Notre cher frère Filhol, qui prend soin de l'Assemblée du Pont-de-Montvert, se trouvant à Vialas le dernier dimanche d'août, m'invita, avec instances, à aller au Pont-de-Montvert le dimanche suivant. Une lettre m'appelant ailleurs venait de m'arriver, mais, néanmoins, je me rendis au Pont le samedi. Après renseignements, je compris qu'il ne serait pas facile d'y avoir, le jour suivant, une réunion après le culte, parce que celui-ci a lieu tard, à cause de l'éloignement de ceux qui y assistent. Pensant alors que la soirée serait mieux utilisée à Florac, j'écrivis à notre frère X... pour l'aviser que j'y arriverais, D. V., le dimanche au soir, et qu'on voulût bien avoir la bonté d'arranger quelque chose pour que mon temps y fût bien employé.

Je fis ensuite deux visites et rentrai dans ma chambre pour lire la Parole. J'en éprouvais déjà dans mon âme les effets bénis, quand le frère C., un frère pieux et fidèle, mais peu affranchi (il se prive souvent de rompre le pain, ne s'en croyant pas assez digne), vint m'interrompre pour me parler des affaires anglaises. Je fus autant surpris qu'affligé de voir qu'on avait été troubler ce cher ami, qui aurait eu certainement besoin de tout autre chose. Il n'y avait que peu de temps qu'il m'avait quitté, me laissant sous l'impression pénible de ses paroles, et tandis que je m'efforçais de reprendre avec calme ma lecture interrompue, arriva notre frère M... pour m'entretenir sur le même sujet, en ajoutant : On dit que, vous aussi, vous avez ces doctrines, mais je vous connais depuis si longtemps que je n'ai pu le croire. J'aurais même voulu qu'on ne nous eût envoyé ni lettres ni imprimés, car ces choses embrouillent l'esprit et dessèchent l'âme.

Ce que je venais successivement d'entendre, de la bouche de nos deux amis, m'aurait plutôt déterminé à retourner à Vialas le même jour; mais, dans la pensée que je pouvais être utile au Pont, je demandai à Dieu de m'encourager. Je tenais aussi à revoir le frère F..., qui est éloigné du Pont-de-Montvert, et qui m'avait tant engagé à y aller. Je restai donc, et le lendemain dimanche, vers 8 heures du matin, une réponse à ma carte du samedi arriva, dont la lecture va vous montrer si elle est de Dieu ou des hommes.

« Florac, 5 septembre 1891.

» Monsieur Ponge,

» Je reçois à l'instant votre carte-postale dans laquelle vous
» m'annoncez votre visite, et je m'empresse d'y répondre;
» ayant appris votre position équivoque que vous prenez rela-
» tivement aux doctrines Raven, ne vous étant pas formelle-
» ment prononcé contre un tel état de chose, nous n'avons
» pas la liberté de vous recevoir (2ᵉ épître de Jean, verset 10).
» Nous n'acceptons aucune explication ni aucun raisonne-
» ment à ce sujet. J'ai bien l'honneur de vous saluer. X... »

(Le passage cité dit de ne pas saluer!)

Ainsi, voilà Ponge jugé et rejeté comme avec un bâillon dans la bouche pour l'empêcher de répliquer. « Oh! dit David à Gad dans sa détresse, que nous tombions, je te prie, dans les mains de l'Éternel, car ses compassions sont grandes, et que je ne tombe point dans les mains des hommes » (2ᵉ Sam., XXIV. 14). Mais ces hommes étaient des ennemis et non des frères, qui sont censés marcher dans l'amour et la justice (I Jean, III, 10). Au sujet de la justice, les magistrats en ont montré bien plus envers F. P. que ne le font nos frères de Florac.

Il y a près de quarante ans que j'étais traduit devant le tribunal de leur petite ville pour avoir prêché l'évangile à un trop grand nombre d'auditeurs dans un local que j'avais loué à Vialas. Mes juges, au lieu de m'interdire la parole, me demandèrent de leur faire part de tout ce qui pouvait, en les éclairant, les aider à juger justement. Je fus, en effet, acquitté à Florac, quoique plus tard condamné à Mende, chef-lieu de la Lozère.

Si, laissant la justice humaine, nous passons à la parole de Dieu, nous voyons un Nicodème (Jean, VII) parler d'une loi qui ne juge pas l'homme avant de l'avoir entendu. « Et » Agrippa dit à Paul : Il t'est permis de parler pour toi. » Paul dit à Timothée (V, 19), dont le jugement devait être aussi sain que celui de nos frères de Florac ou de ceux qui les ont influencés : « Ne reçois pas d'accusation contre un ancien, » si ce n'est sur la déposition de deux ou de trois témoins. » Nous trouvons aussi dans Tite, II, que « la grâce de Dieu qui » apporte le salut » enseigne à pratiquer la justice.

Notre cher frère de Florac, pour qui je n'ai que de l'affection mais de la pitié aussi, s'autorise des versets 9 et 10 de la 2e épître de Jean, comme légitimant mon exclusion ; si je ne le connaissais pas comme un frère humble, je le crois, et non autoritaire, je pourrais lui appliquer les versets de l'épître suivante où il est question des œuvres de Diotrèphe « débi- » tant de méchantes paroles contre nous, dit Jean, et, non » content de cela, lui-même il ne reçoit pas les frères, et il » empêche ceux qui veulent les recevoir, et les chasse de » l'assemblée ! »

Enfin, puisque je suis condamné et exclu comme un homme qui, d'après les passages qu'on m'applique, n'a ni le Père, ni le Fils, et auquel on ne permet pas même de prononcer un « Shibboleth » (Juges, XII, 5, 6), je peux du moins donner ici la réponse du frère Filhol : Pourquoi, mon cher frère, lui dis-je, dès son arrivée avant le culte, m'avez-vous engagé à venir ici sans m'avertir qu'on était prévenu contre moi? Nos deux frères que voici m'en ont hier appris quelque chose, et une lettre que vous allez lire, arrivée ce matin de Florac, en dit bien davantage. Notre frère, l'ayant lue : Oh! que je la déplore, dit-il, mais je me hâte de vous dire que je n'ai jamais cru que vous eussiez abandonné la saine doctrine, et je peux dire aujourd'hui que, depuis que je suis converti, je ne crois pas avoir éprouvé dans mon âme autant de bénédiction que ce que j'en ai ressenti dimanche dernier à Vialas, par les vérités que vous avez présentées dans les deux réunions, mais surtout au culte. Ah! me disais-je en vous entendant, celui qui expose ces vérités précieuses est loin d'avoir abandonné la saine doctrine. Aussi me suis-je senti poussé, avant de quitter Vialas, de vous engager à venir au Pont-de-Montvert, et, dans la crainte de ne pas réussir, je vous ai laissé ignorer ce qui aurait pu vous en détourner; mais j'ai la confiance que tout ira bien et que vous me pardonnez.

Ce que vous venez de dire, répondis-je, vous justifie. C'est le désir du bien, par la vérité, qui a prévalu chez vous, et je m'en réjouis. Cependant, je ne crois pas pouvoir vous être en aide, car, vous le voyez, la lettre de Florac en me rejetant m'interdit la parole et « la fraction du pain ».

Oh! ce serait un scandale, dit C..., le local va être plein; nous avons annoncé votre visite, et tous désirent vous entendre et profiter! Les visites sont d'ailleurs si rares ici dans nos montagnes! Oubliez, je vous prie, ce que je vous ai dit hier; j'en ai bien du regret, et je vous assure que je suis non seulement content que vous soyez ici aujourd'hui, mais je voudrais que vous y fussiez toujours. Nous le voudrions tous, ajouta M..., et nous n'allons plus parler de ces choses qu'on aurait bien fait de nous laisser ignorer, et vous verrez qu'au culte Dieu nous bénira.

Très touché par les paroles de nos chers frères, je me rendis à leurs vœux, et, en effet, j'éprouvai avec reconnaissance que Dieu nous bénissait. Eux-mêmes l'éprouvèrent aussi et furent par cela même d'autant plus peinés qu'un frère, colporteur biblique, demeurant à Marseille, mais né dans leur pays et qui se trouvait parmi eux ce dimanche-là, n'eût pas rompu le pain. Ils lui en demandèrent la raison. Ce frère répondit qu'à Florac, d'où il venait d'arriver, on avait pris, comme à Marseille, l'engagement de se purifier des vases à déshonneur, etc., et bien qu'on ne m'envisageât pas précisément comme tel, on avait cependant mis en garde les frères de Florac contre moi. Il nous dit qui, et craignant sans doute de s'être compromis, il ajouta : « Je n'en suis pas sûr. » Je sentis que toute discussion était inutile. J'avais la sympathie des frères qui m'entouraient et l'approbation du Seigneur.

En quittant le Pont-de-Montvert, j'aurais tant voulu me rendre à Saint-André-de-Valborgne, localité que m'avait beaucoup recommandée notre cher ami le Dr P..., que j'espérais trouver là avec sa famille ! Mais je redoutais l'influence qui avait tourné contre moi nos frères de Florac. Devenu vraiment malade de douleur, je retournai à Vialas, et, après quelques jours de repos, je pus cependant me mettre en route pour les Charentes où un cher frère de Bordeaux me pressait d'aller. Je n'en étais encore qu'au commencement de mon voyage, lorsqu'on m'apprit, en visitant des assemblées qui étaient sur ma route, qu'on avait envoyé dans la Charente aussi la fausse nouvelle que j'étais du côté de M. Raven, et on plaça sous mes yeux une lettre récente venant d'une autre source où l'auteur dit : « J'ai appris avec beaucoup de tristesse que le frère Ponge a fini par se tourner du côté Raven, » et il ajoute : « le frère X... pense aller visiter l'Ouest, et en particulier les Charentes..... »

Évidemment tout ceci n'était pas de nature à m'encourager à continuer ma route de ce côté-là, bien que j'aie été le premier à y mettre les pieds, il y a 31 ans, et à y recevoir les coups d'une opposition immédiate.

Dans un esprit de paix, et afin de ne pas être en butte aux préventions, je discontinuai mon voyage, comme ce fut le cas dans un autre pays deux mois auparavant. Le *renseignement* que je vais donner montrera si chacun a été animé du même esprit.

Connaissant les assemblées de l'Aveyron et de l'Hérault depuis 37 ans, je les visitai de nouveau. J'y fus aussi bien reçu qu'auparavant, mais une porte pour l'évangélisation m'étant ouverte à Salies-de-Béarn, je m'acheminai de ce côté-là, en passant par Bordeaux.

Ayant travaillé des années dans le Lot-et-Garonne, et étant très attaché aux chers frères qui s'y trouvent, je ne pouvais pas, quoique pressé, traverser ce département sans y donner au moins une méditation. J'avisai, par quelques lignes, une chère famille (qui depuis longtemps a été pour moi comme la mienne), que j'arriverais chez elle par le train de nuit, de Cette à Bordeaux, le mercredi 21 octobre. Par délicatesse, comme c'était à trois heures du matin que je devais arriver, afin de ne pas déranger notre cher frère, j'adressai mes lignes à son fils qui habite la même maison. Habitué à de chaudes réceptions, cette fois il en fut autrement. Le fils, tout angoissé, et sa sœur, les larmes aux yeux, m'annoncèrent que leur père n'était plus libre de me recevoir. Celui-ci arriva et il m'apprit, pâle de douleur, car chacun connaît sa tendresse chrétienne, qu'il y avait encore deux familles qui ne me recevraient pas, mais que d'autres me recevraient. Seulement, ajouta-t-il : « Si vous restez, vous ferez du mal. » — Je ne suis pas venu pour cela, lui répondis-je; mais pourquoi, cher ami, puisque vous n'étiez pas libre de me recevoir, ne m'en avez-vous pas informé par une courte lettre afin de m'éviter, en passant outre, un désagrément si douloureux? — Nous aurions dû le faire, mais nous n'avions pas prévu que vous alliez nous arriver si tôt.

Mais qu'est-ce donc qui vous a porté, après m'avoir, comme toujours, si bien accueilli le printemps dernier, à me rejeter maintenant? — Parce que nous avons appris que les assemblées de Montbéliard ne vous ont pas reçu, ni celle de Florac non plus. — Qui donc vous envoie de telles nouvelles? — Je ne peux pas le dire. — Cette réponse me peine, et, voyant qu'elle cache un mal réel, voudriez-vous me retenir que je ne serais pas libre de rester. Mais je dois vous affirmer que ce qu'on vous a communiqué des assemblées de Montbéliard est entièrement faux. Voici la chose exacte et qui n'est en rien à la charge de nos chers frères, et que j'aurais tant voulu passer sous silence :

Plusieurs frères de Montbéliard et de la Suisse, qui ont des parents et des amis en Amérique, ayant exprimé, à plusieurs reprises, le désir de me revoir, je quittai Vialas le jeudi 4 juin pour aller les visiter. Je m'arrêtai à Lyon pour deux réunions, à Besançon pour le culte le dimanche matin, et je me rendis le soir à Terreblanche, où j'avais écrit qu'on me convoquât une réunion d'évangélisation, ce qu'ils firent, quoiqu'ils eussent été, par lettre, prévenus contre moi au sujet des doctrines Raven. N'en sachant rien, je m'offris, après cette réunion, pour en donner d'autres; mais, avant de consentir, nos frères, en hommes sages, me demandèrent ce qui en était. Ayant été rassurés, les portes me restèrent ouvertes, et je fus reçu dans chaque assemblée du Doubs avec la même bonté qu'auparavant. Il en fut de même en Suisse, pendant six semaines. Voici d'ailleurs une lettre d'un frère pieux et doué de ce pays-là, que j'ai encore dans mon sac. Notre ami la prit et lut ce qui suit :

« Et vous, cher frère, que faites-vous? Comment allez-
» vous? Nous avons souvent parlé de vous avec les chers
» amis que nous avons eu le privilège de voir ensemble. Je
» remercie le Seigneur d'avoir pu vous accompagner dans ces
» quelques localités. Il y a une chose que j'ai comprise plus
» que je ne l'avais fait auparavant, en vous entendant, c'est la
» nécessité d'étudier la Parole, de manière à ce que toutes les
» vérités que l'on est conduit à présenter aux âmes soient
» appuyées de passages de cette sainte Parole appropriés au
» sujet et propres, par l'opération du Saint-Esprit, à faire
» pénétrer ces vérités dans le cœur et la conscience pour la
» bénédiction des âmes. Ce que le Seigneur vous a donné est
» bien frappant à cet égard, et le glorieux message, appuyé
» et assaisonné d'autant de passages des Écritures, doit bien
» produire cet effet accompagné de la bénédiction du Sei-
» gneur. Puisse-t-il en être ainsi pour toutes les âmes qui
» l'ont entendu pendant votre visite dans notre contrée.
» J'ai la confiance que cela ne sera pas perdu pour plu-
» sieurs. Partout on regrette que votre visite ait été aussi
» courte.....
» J'ai appris avec regret que vous vous étiez décidé à partir
» aussi vite de la Suisse, sans avoir vu la vallée de Joux et
» bien d'autres localités encore, où vous auriez eu des encou-
» ragements, je n'en doute pas.
» Que le Seigneur bénisse abondamment sa précieuse

» Parole qu'il vous a confiée pour le salut de beaucoup
» d'âmes et l'encouragement des Siens... X... »

Notre cher frère de Lot-et-Garonne, après avoir pris connaissance, à la suite de mon récit sur Montbéliard, de la lettre suisse, me parut ébranlé. Je le quittai par le premier train pour me rendre à Bordeaux, où je fus reçu, comme dans tant d'autres endroits, à bras ouverts, et où l'on me témoigna beaucoup de sympathie.

Je ne doute nullement, du reste, de l'affection sincère de notre frère, si bon et si dévoué, de Lot-et-Garonne, estimé de tout le monde par sa vie exemplaire et avec qui, depuis trente-cinq ans que je le connais, je n'ai jamais eu que de très bons rapports. Aussi dois-je dire à mon lecteur : ce n'est pas à lui que s'adressent premièrement ces lignes, mais bien à « ceux qui vous bouleversent ».

L'amour ne pense pas le mal, et je voudrais ne voir, dans les faux bruits qui circulent, que d'innocentes méprises; mais devant Dieu qui est lumière, je laisse à mes frères le soin de voir s'il n'y a pas là « des œuvres de ténèbres », « car le fruit de la lumière consiste en toute bonté et justice et vérité, éprouvant ce qui est agréable au Seigneur ». Au lieu de cela, en ne s'assurant pas, avant de la répandre, si une chose est exacte, on va jusqu'à mettre même sur le compte des uns ce qui appartient à leurs opposants, comme le démontre le fait suivant :

Un de nos frères d'Amérique, m'écrivant pour que je lui dise où en sont les choses dans le sud de la France, par rapport à M. Raven, s'élève en même temps contre lui avec indignation, parce que, dit-il, M. Raven a dit que « Christ,
» s'il l'avait voulu, pouvait s'en retourner au ciel sans passer
» par la mort. Cela est révoltant, ajoute-t-il, car il était
» réservé qu'Il devait opérer l'œuvre de notre salut par la
» souffrance ».

Mais notre frère ne sait pas que c'est sur l'article de la page 10 de la *Lettre circulaire* de Vevey, supprimé dans la seconde édition, que tombe sa révolte, et non sur M. Raven, qui n'est pour rien dans ce détail qui n'aurait probablement pas révolté notre ami s'il eût su qu'il venait de Vevey. Toute influence qui n'est pas de Dieu est pernicieuse, et je désire, quant à moi, d'en être gardé, afin d'être rendu plus capable, par la grâce, de juger sainement, ne faisant rien avec partialité : « N'éteignez pas l'Esprit, dit l'apôtre, ne méprisez pas les prophéties, mais éprouvez toutes choses ; retenez ce qui est bon. Abstenez-vous de toute forme de mal ».

Dieu sait que je n'embrasse les vues de personne qu'en tant qu'elles viennent directement de la Parole. Je n'ai pas même pu le faire, pour un détail, avant mon dernier départ pour l'Amérique, dans une petite conférence à Saint-Jean-du-Gard : je fis apporter les « *Études*... par J.-N. Darby », qui, sur le point en question, me donnèrent entièrement raison.

J'apprécie les dons et le ministère, mais nous ne devons pas oublier combien l'esprit clérical a été de tout temps nuisible à l'Assemblée de Dieu. C'est avec regret, à cause de chers frères que j'estime et affectionne, que je dois dire ici qu'il s'est, je le crois, un peu trop mêlé dans les « Déclarations » d'assemblée, le printemps dernier, dans le sud de la France. Il y a des assemblées qui ne se sont pas bornées à prendre des engagements qui rappellent un peu ceux des catéchumènes de mon jeune âge le jour de leur confirmation, mais elles ont répandu, çà et là, leurs déclarations accompagnées de lettres afin d'obliger d'autres assemblées d'en faire autant. Vialas n'a pas été oublié, et là aussi est arrivée, et de loin, celle d'une nombreuse assemblée qui déclare comme d'autres : « *se retirer de l'iniquité, se purifier* » *des vases à déshonneur qui ne consistent pas seulement* » *dans la mauvaise conduite, etc.* », et dont le nom du premier signataire est venu me confirmer douloureusement dans la pensée que Dieu n'était pas dans ce mouvement !

Ces déclarations, écrivait un frère pieux et éclairé, me font l'effet d'une muraille qu'on élève autour de soi pour se protéger au lieu de s'attendre au Seigneur jour après jour dans un esprit de prière et avec exercice d'âme pour être dirigés et gardés par Lui.

L'apôtre dit : « Si quelqu'un vient à vous ; » mais aujourd'hui, on n'attend pas qu'on vienne ; on juge et on repousse sans avoir ni vu, ni entendu.

Mais, n'est-ce pas remarquable, de ne pas rencontrer, pendant toute la période apostolique, une seule division consommée dans le sens de former, par la séparation, deux assemblées dans une même ville ?

La séparation entre l'assemblée d'Antioche et celle de Jérusalem a été, je le crois, évitée *par la modération* avec laquelle cette dernière, ayant les apôtres avec elle, a écrit à Antioche (Actes XV).

Le Seigneur Jésus, Chef de l'Assemblée, a tant demandé que les siens soient *un*, Lui qui ne brise pas le roseau froissé et qui n'a pas permis à ses disciples de faire descendre le feu du ciel, ni d'empêcher celui qui ne les suivait pas de chasser des démons en son nom.

Au lieu de calmer les esprits, aujourd'hui on les excite et on porte ainsi des chrétiens à rejeter *brusquement* un ouvrier du Seigneur, âgé, mais aussi soucieux que jamais, malgré sa grande faiblesse, de retenir la saine doctrine et de l'orner dans sa vie entière (Tite, I, 9 ; II, 9 à 15).

Après avoir souffert en Amérique, pendant mon dernier séjour de trois ans, de la douloureuse division de 1884 et 1885, je revenais l'an dernier en France dans la pensée que là, il en serait autrement, et que je pourrais évangéliser plus librement en dehors de ces luttes pénibles. Ce fut le contraire. Après débarquement, j'appris, en passant à Paris, qu'une nouvelle division indépendante de celle d'Amérique venait d'éclater en Angleterre, et sur le continent on pressait déjà les âmes de se prononcer. On insista aussi auprès de moi avant d'être arrivé à mon domicile. Tout ce que je savais de la division d'Amérique me mettait en garde contre toute précipitation et pression humaine. J'éprouvais le besoin de recueillement, de modération, sans rien céder de la vérité. Je me rappelais aussi ces paroles de M. Darby : « Il faut entendre » les deux côtés avant de former un jugement définitif. Qui » n'entend qu'une cloche n'entend qu'un son. »

J'ai entendu beaucoup de choses qui m'ont affligé par leur caractère exagéré, dénaturé et parfois injuste, et, en présence de ces choses, il a pu m'arriver, ce que je regrette, d'avoir manqué de calme et de déférence quand il a été question de personnalités. Mais je ne me suis pas tourné, comme on l'a dit et répandu faussement, du côté de M. Raven, quoique je n'aie pas signé une « déclaration ». Depuis bien des mois j'ai cessé toute correspondance avec mes amis d'Angleterre, et sur le continent (France et Suisse) je me suis tenu à l'écart de ceux qu'on ne reçoit plus.

Voilà, chers frères J. G. et autres, quelle a été, surtout depuis six mois, mon « attitude » au sujet de laquelle vous dites avoir entendu « tant de choses contradictoires ». Actuellement, je pèse celle des frères qui m'ont fermé leurs portes, ou plutôt celle de ceux sous l'influence desquels ils ont agi. Cela me fait penser aux paroles de M. Wigram et à celles de M. Darby, exprimées vers la fin de leur vie, que je préfère ne pas insérer ici. Elles sont rapportées par le Major Mac Carthy dans les pages 1 et 2 de son traité : *Les deux côtés,* au sujet de la division de Paris (1882), ou Park Street, assemblée la plus nombreuse de celles que j'ai vues en Angleterre, mais qui, de même que la grande majorité des frères de ce pays, reste aujourd'hui avec M. Raven. Ce fait a exercé bien des cœurs devant Dieu et a donné de quoi réfléchir.

Lorsqu'il est question de « ceux qui causent les divisions et les occasions de chute par des choses qui ne sont pas selon la doctrine que vous avez apprise » (de qui il faut s'éloigner), l'apôtre les caractérise par ces paroles, d'abord : « Car ces sortes de gens ne servent pas Notre Seigneur Christ, *mais leur propre ventre.* Pour bien les discerner nous-mêmes, et afin de ne pas condamner « ceux qui ne sont pas coupables » (Mat., XII, 7), il faut peser ces paroles-là aussi bien que les suivantes : « et par de douces paroles et un beau langage, ils séduisent les cœurs des simples » (Rom., XVI, 17-18) (¹).

Mais que Dieu, dans sa bonté, fasse qu'au lieu d'un esprit de jalousie, qui a eu, dit-on, sa part d'action parmi les frères, chacun soit animé de celui que l'apôtre appelle « un esprit... de puissance, et d'amour, et de conseil » (sobre bon sens), afin que, tout en rejetant ceux qui sont vraiment sectaires (Tite, III, 10) et ceux qui n'apportent pas la vraie

---

(¹) C'est parce que, généralement, on ne s'est arrêté, dans la division de 1884 en Amérique et dans celle de 1890 en Angleterre, que sur les dernières paroles de cette citation, que je rappelle les premières.

doctrine (I, Jean, IV, 1-7; 2ᵉ épître de Jean), nous soyons préservés de ressembler à Diotrèphe, en repoussant, dans un esprit clérical et despotique, de chers enfants de Dieu qui ne sont ni des hérétiques ni des égarés.

« C'est pourquoi, recevez-vous les uns les autres, comme aussi le Christ vous a reçus à la gloire de Dieu » (Rom., XV, 7).

Tandis que ces « Renseignements » étaient sous presse, j'ai pu me rendre à Libourne, où un cher petit noyau de chrétiens m'avait prié d'aller passer quelques jours. Arrivé là, j'ai tenu à visiter aussi, dans une autre localité, des familles éparpillées. Ma visite leur a fait plaisir, à l'exception d'une, où j'aurais cru qu'elle aurait été le plus agréable. En arrivant, la première personne que je rencontrai (son mari n'étant pas encore rentré de son ouvrage) m'adressa ces douloureuses paroles : « Nous avons appris que vous avez embrassé » de mauvaises doctrines, et maintenant, au lieu de rester » dans un coin, vous voyagez pour détruire le bien que Dieu » vous a donné de faire aux âmes dans le passé. » Avec calme et affection chrétienne, je cherchai à la rassurer. Au lieu de m'écouter, elle m'apostropha par ces autres paroles : « J'ai » un conseil à vous donner, c'est de vous humilier profon- » dément et de pleurer devant Dieu ». Ne pouvant réussir à la ramener dans un meilleur esprit, je la priai de garder ses conseils pour elle (I, Tim., II, 11-12) et de me laisser tranquille. Mais, dans ma douleur, ces paroles m'échappèrent : « Que je regrette d'avoir quitté Libourne ! » « J'en suis » bien aise, dit-elle, car vous auriez fait du mal à cette jeune » assemblée, tandis qu'ici,... etc. » Cela ne m'empêcha pas d'y retourner, et au plus vite. En route, je pensais au pauvre Calas, de Toulouse, condamné, par le *fanatisme*, malgré son innocence, au supplice de la roue. Plus tard, son innocence fut reconnue et sa famille réhabilitée.

De retour à Libourne, parce que mon épreuve était grande,

j'y fus reçu avec d'autant plus d'affection et de sympathie. On fut surpris et affligé de ce qui m'était arrivé; mais pas plus que dans le Lot-et-Garonne, il ne me fut possible d'apprendre de la famille en question d'où partaient de si fausses nouvelles. En se multipliant, la chose devient des plus sérieuses, et cependant on ne s'est « pas formellement prononcé contre un tel état de choses » (Lettre de Florac, page 3).

Étant les enfants du « Dieu qui ne peut mentir » et qui a dit : « Ne touchez pas à mes oints et ne faites pas de mal à mes prophètes » (Ps. CV, 15), on ferait bien, au lieu d'être si « *prompt* » à parler ou à écrire contre un frère, de s'assurer, avant de le faire, si l'on parle la vérité à son prochain (Eph., IV, 25). En agissant ainsi, on éviterait de causer aux uns de la douleur et des regrets aux autres. Toutefois, malgré les levées de boucliers que je rencontre sur ma route, comme David, dans II, Sam., VI, 20-22, j'ai de quoi être « *abaissé à mes yeux* », mais rempli de joie et de reconnaissance devant Dieu : *Il m'a choisi*, m'a sauvé, m'a adopté comme son enfant et m'a établi et maintenu dans la saine doctrine qu'Il m'a rendu capable de porter auprès et au loin au péril de ma vie. Ceux qui l'ont reçue, et celui qui l'a apportée heureux et en paix devant Dieu, le bénissent pour son immense grâce, tout en ayant part aux « *afflictions* » et aux « *larmes* » (1).

Mais pourquoi m'attribuer une fausse doctrine sans m'avoir entendu, surtout quand on a répandu partout un imprimé où l'on semble ajouter tant d'importance au fait que notre frère S... a été en Angleterre un témoin « *oculaire et auriculaire* », lui qui nous dit que la langue anglaise lui est peu famillière ? Je sais par expérience combien il est facile à quelqu'un dont

---

(1) Si une chrétienne, qui ne manque pas de zèle, est venue, en sortant de sa place comme femme, briser mon cœur de douleur, je dois dire ici combien d'autres, avec *modestie,* ont été pour moi et pendant longtemps dans les bonnes mains de Dieu des moyens d'encouragement par leur « consolation en Christ », « soulagement d'amour », « communion de l'Esprit », « *tendresse* » et « *compassion* ». Je leur en conserve toujours une sincère reconnaissance et en bénis le Seigneur qui n'oublie pas leur « travail d'amour » (Philippiens, II, 1 ; IV, 3 ; — 1 Thess., I, 3 ; — Hébreux, VI, 10 ; — Rom., XVI, 1-3, 6, 12, 13).

l'oreille n'a pas été suffisamment exercée à entendre parler l'anglais de se méprendre ensuite dans la conversation.

Mon lecteur devrait être rassuré à mon égard au sujet « des doctrines diverses et étrangères ». Qu'il se rappelle la page 10, où j'ai dit que j'avais eu recours aux « *Études sur la Parole* par J.-N. Darby ». Cela dit assez avec quelle confiance j'apprécie l'enseignement de cet « homme de Dieu », avec qui j'ai eu le privilège de me trouver bien souvent dans différents pays. Je n'apporte pas autre chose aujourd'hui que ce qu'il a apporté et enseigné lui-même. S'il n'avait pas considéré mon enseignement comme scripturaire, pensez-vous qu'en voyant, en Amérique, des assemblées de langue française en souffrance, il m'aurait écrit et encouragé à m'y rendre? Mais j'en ai déjà trop dit, je m'en remets à Dieu (I, Pierre, II, 23).

Dans toutes ces pages, j'ai parlé « *en insensé* ». Pour excuser la chose, mes frères se souviendront de ces paroles de l'apôtre : « *vous m'y avez contraint* » (II, Cor., XII, 11).

« Que Dieu use de grâce envers nous et nous bénisse ! »

F. PONGE,

A Vialas (Lozère).

Bordeaux. — Imp. G. GOUNOUILHOU, rue Guiraude, 11.

PAR LE MÊME

1º **Une éclipse solaire** et *Jean VIII, 12; Éphésiens V, 14; Philippiens II, 14-16.* — Deuxième édition. Prix : **5** centimes.

Ce traité paraît particulièrement utile dans ce moment.

2º **Une lettre perdue.** — Troisième édition. Prix : **10** centimes.

Se trouvent l'un et l'autre chez M. GUIGNARD,
à Vevey.

Bordeaux. — Imp. G. GOUNOUILHOU, rue Guiraude, 11.

www.ingramcontent.com/pod-product-compliance
Lightning Source LLC
Chambersburg PA
CBHW060624050426
42451CB00012B/2409